Kompass Urteilsbildung Politik

Unterricht urteilssensibel
planen, durchführen und reflektieren

72 Gesprächsimpulse für die Praxis

WOCHEN SCHAU VERLAG

Was ist der Kompass Urteilsbildung?

Liebe Lehrende,

der Kompass Urteilsbildung bietet Ihnen **Gesprächsimpulse** für die Gestaltung urteilssensiblen Politikunterrichts. Orientiert an 24 fachdidaktischen Schwerpunkten finden Sie aufeinander aufbauende **Planungsfragen, Hospitationsaufträge sowie Reflexionsimpulse.** Indem Sie **Beratungsschwerpunkte** auswählen (zwei bis drei pro Stunde) und gemeinsam mit anderen Ihren Unterricht sowohl vor- als auch nachbesprechen, können Sie unterschiedliche Beobachtungen thematisieren und nach alternativen Handlungsmöglichkeiten für Ihren Unterricht suchen.

Themenblöcke

Bedingungsanalyse: Urteilskompetenzen

1. Vorwissen & Vorausurteile der Lernenden
2. Kategorien der politischen Urteilsbildung
3. Perspektivenübernahme & Argumentationsfähigkeit
4. Sprachkompetenzen
5. Vorausurteile der Lehrperson

Sachanalyse & didaktische Analyse: Urteilssituation

6. Bewertungs-, Gestaltungs- oder Entscheidungssituation
7. Dimensionen des Politischen
8. Politische Frage
9. Komplexität & Kontroversität
10. Gesamtgesellschaftliche Regelung
11. Sach- und Werturteile
12. Perspektiven

Urteilsorientierte Kompetenzziele & Urteilsstrategien

13. Übergeordnetes Hauptanliegen (Kompetenzziel)
14. Angestrebte Kompetenzziele

Unterrichtsmethodische Gestaltung

15. Bestimmende Urteilskraft
16. Reflektierende Urteilskraft
17. Diskursive Strategien
18. Komprehensive Strategien
19. Inszenierung der Urteilssituation
20. Darstellung der Vorausurteile
21. Unterrichtsmethoden & Aufgaben
22. Gesprächssituation im Unterricht
23. Ergebnissicherung
24. Zeitmanagement

Unterrichtsplanung	Unterrichts-durchführung und Hospitation	Unterrichtsreflexion und Anschlussplanung

Bedingungsanalyse: Urteilskompetenzen

Themenbereiche:

Vorwissen & Vorausurteile der Lernenden | Kategorien der politischen Urteilsbildung | Perspektivübernahme & Argumentationsfähigkeit | Sprachkompetenzen | Vorausurteile der Lehrperson

Vorwissen & Vorausurteile der Lernenden

Welche möglichen **Vorwissensinhalte und Vorausurteile** der Lernenden (bspw. Lebenserfahrungen, ethische Überzeugungen, politische Ansichten, Geschichtsbilder) könnten in der Unterrichtsstunde relevant werden?

1.1

Vorwissen & Vorausurteile der Lernenden

Notieren Sie **Äußerungen der Lernenden,** in denen deren Vorwissen und Vorausurteile zum Ausdruck gebracht werden.

1.2

Vorwissen & Vorausurteile der Lernenden

Welche **Konsequenzen** können aus den im Unterricht beobachteten Vorwissensbeständen und Vorausurteilen der Lernenden für den weiteren Unterricht gezogen werden?

1.3

Kategorien der politischen Urteilsbildung

Überwiegt bei den Lernenden erfahrungsgemäß eine **Kategorie der politischen Urteilsbildung** (bspw. Werte und Moral oder Machbarkeitsfragen)?

2.1

Kategorien der politischen Urteilsbildung

Benennen Sie die **Kategorien und Wertmaßstäbe**, auf die sich die Lernenden in ihren Urteilen **explizit oder implizit beziehen.**

2.2

Kategorien der politischen Urteilsbildung

Konnten **Urteilskriterien bewusstgemacht, reflektiert und angewendet** werden?

Wie könnten in **nachfolgenden Unterrichtsstunden** die Urteilskriterien der Lernenden weiter einbezogen werden?

2.3

Perspektivübernahme und Argumentationsfähigkeit

Können die Lernenden ihre **eigene Perspektive** auf Urteilssituationen darstellen, Perspektiven **anderer** oder des **Systems** (z.B. Wirtschaftssystem, Gesundheitssystem) einnehmen und wechselseitig aufeinander beziehen?

3.1

Perspektivübernahme und Argumentationsfähigkeit

Beschreiben Sie, **welche Perspektiven** die Lernenden auf die Urteilssituation einnehmen und wie die Perspektiven miteinander ins **Gespräch** gebracht werden.

3.2

Perspektivübernahme und Argumentationsfähigkeit

Reflektieren Sie, welche **Perspektivwechsel** vorgenommen wurden.

Wie könnten die Lernenden dabei in nachfolgenden Unterrichtsstunden unterstützt werden?

3.3

Sprachkompetenzen	**Sprachkompetenzen**	**Sprachkompetenzen**
Können die Lernenden **Positionen artikulieren** und mit **Kausalsätzen begründen**?	Protokollieren Sie **Gesprächssequenzen**, die zeigen, dass die Lernenden sich um ein gegenseitiges Verstehen bemühen, Fragen einander stellen und das Geben und Nehmen von Gründen einfordern.	Wie könnten die **sprachlichen Kompetenzen** der Lernenden in Hinblick auf politische Urteilsbildung weiterführend geschult werden?
4.1	4.2	4.3

Vorausurteile der Lehrperson

Begründen Sie, warum Sie die ausgewählten Urteilssituationen und -fragen als **bedeutsam** ansehen.

5.1

Vorausurteile der Lehrperson

Notieren Sie ihre eigenen **Überzeugungen** und Vorausurteile zu einer politischen Urteilsfrage aus dem Unterricht.

5.2

Vorausurteile der Lehrperson

Reflektieren Sie, ob und inwiefern sich die Vorausurteile der Lernenden von Ihren eigenen **unterscheiden**. Welche **Schlussfolgerungen** ziehen Sie daraus?

5.3

Sachanalyse & didaktische Analyse: Urteilssituation

Themenbereiche:

Bewertungs-, Entscheidungs- oder Gestaltungssituation | Dimension des Politischen | Politische Frage und politische Wertmaßstäbe | Komplexität und Kontroversität | Gesamtgesellschaftliche Regelung | Sach- und Werturteile | Perspektiven

Bewertungs-, Entscheidungs oder Gestaltungssituation	Bewertungs-, Entscheidungs oder Gestaltungssituation	Bewertungs-, Entscheidungs oder Gestaltungssituation 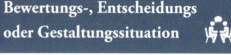
Sollen sich die Lernenden mit einer **Bewertungs-, Entscheidung- oder Gestaltungssituation** auseinandersetzen?	Diskutieren Sie, ob in der **Urteilssituation** im Unterricht eine Bewertungs-, Entscheidungs- oder Gestaltungssituation vorliegt.	Reflektieren Sie, inwiefern sich die **Art der Urteilssituation** (Bewertung etc.) als sinnvoll für diese Lerngruppe herausgestellt hat. Wie hätte eine **Alternativplanung** aussehen können?
6.1	6.2	6.3

Dimension des Politischen

Richtet sich die Urteilssituation schwerpunktmäßig auf die **Policy-, Politics- oder Polity-Dimension** des Politischen?

7.1

Dimension des Politischen

Beschreiben Sie, welche **Dimension des Politischen** mittels der Urteilssituation im Unterricht adressiert wird.

7.2

Dimension des Politischen

Angesichts des Unterrichtsverlaufs: Würden Sie die Urteilssituation beim nächsten Mal verändern, um die von Ihnen angestrebten **Politikdimensionen** besser in den Blick zu bekommen?

7.3

Politische Frage und politische Wertmaßstäbe

Welche **leitende Urteilsfrage** soll mithilfe der Urteilssituation bearbeitet werden?

Welche **politischen Werte** (Freiheit, Gleichheit, Gerechtigkeit etc.) sind berührt oder treten in Konflikt?

8.1

Politische Frage und politische Wertmaßstäbe

Notieren Sie, welche **Urteilsfrage** im Unterricht verhandelt wird.

Beschreiben Sie, wie die Urteilsfrage eingeführt bzw. mit den Lernenden entwickelt wird.

8.2

Politische Frage und politische Wertmaßstäbe

Vergleichen Sie, ob und inwiefern sich die **Planungsfrage** von der tatsächlich im Unterricht entwickelten **Urteilsfrage** unterscheidet.

Wie wurde mit Abweichungen und Überraschungen umgegangen?

8.3

Komplexität und Kontroversität

Ist die Urteilssituation bzw. der Fall **komplex** und **kontrovers**?

Wie können Themen, die in Wissenschaft und Politik kontrovers sind, auch im Unterricht kontrovers erscheinen?

9.1

Komplexität und Kontroversität

Beurteilen Sie anhand von **Schüleräußerungen**, ob und inwiefern der Urteilsgegenstand **kontrovers** diskutiert wurde.

Beschreiben Sie die **Komplexität** der Urteilssituation.

9.2

Komplexität und Kontroversität

Reflektieren Sie, ob sich die **geplante Kontroversität** des Themas auch im Unterricht wiedergespiegelt hat.

Welche Aspekte haben die Lernenden als kontrovers wahrgenommen?

9.3

Gesamtgesellschaftliche Regelung

Geht es bei der Urteilssituation (auch) um die Frage, wie eine **gesamtgesellschaftliche Regelung** (ein Gesetz) aussehen soll?

10.1

Gesamtgesellschaftliche Regelung

Beschreiben Sie, wann die Lernenden im Unterricht die Urteilssituation aus einer **individuellen ethischen Perspektive** und wann aus einer **gesamtgesellschaftlichen Perspektive** heraus diskutieren.

10.2

Gesamtgesellschaftliche Regelung

Reflektieren Sie, ob es den Lernenden gelungen ist, **gesamtgesellschaftliche Regelungen** für die Urteilsfrage und die Urteilssituation zu entwerfen und zu diskutieren. Wie könnten die Lernenden dabei zukünftig unterstützt werden?

10.3

Sach- und Werturteile

Werden bei der Urteilssituation sowohl **Sach-** als auch **Werturteile** herausgefordert?

Entwickeln Sie einen **Erwartungshorizont** für mögliche Sach- und Werturteile der Lernenden.

11.1

Sach- und Werturteile

Notieren Sie Sach- und Werturteile der Lernenden zur Urteilsfrage bzw. Urteilssituation.

11.2

Sach- und Werturteile

Vergleichen Sie Ihren **Erwartungshorizont** mit den **tatsächlichen Urteilen** der Lernenden.

Reflektieren Sie, aus welchen **Gründen** ihre Erwartungen bestätigt oder nicht bestätigt wurden.

11.3

Perspektiven

Werden durch die Urteilssituation **Perspektivenübernahmen** herausgefordert?

12.1

Perspektiven

Beschreiben Sie **Perspektiven**, die im Unterricht artikuliert werden.

12.2

Perspektiven

Reflektieren Sie, warum eine **Perspektivenübernahme** erfolgte bzw. nicht erfolgte.

12.3

Urteilsorientierte Kompetenzziele

Themenbereiche:

Übergeordnetes Hauptanliegen (Kompetenzziel) | Angestrebte Kompetenzziele

Übergeordnetes Hauptanliegen (Kompetenzziel) 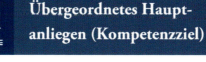	**Übergeordnetes Hauptanliegen (Kompetenzziel)**	**Übergeordnetes Hauptanliegen (Kompetenzziel)**
Formulieren Sie ein **urteilsorientiertes Hauptanliegen** für die Stunde. Es geht hier nicht um das Klein-Klein der Sach-, Sozial-, Selbst- und Methodenkompetenzen, sondern um das zentrale fachliche Kompetenzziel.	Beobachten Sie, ob der **Unterrichtsverlauf** geeignet war, das Hauptanliegen zu erreichen.	Konnte das Hauptanliegen erreicht werden? Diskutieren Sie **Gründe für Ihre Einschätzung**.
13.1	13.2	13.3

Angestrebte Kompetenzziele

Welche **Kompetenzziele** (Sach-, Methoden-, Sozial– und Selbstkompetenzen) sollen in der Unterrichtsstunde angestrebt werden? Welchen Beitrag leisten diese Kompetenzen für die **politische Urteilskraft** der Lernenden?

14.1

Angestrebte Kompetenzziele

Beobachten Sie Handlungen, Tätigkeiten, Verrichtungen, Äußerungen, Ergebnisse der Lernenden, die darauf schließen lassen, dass die **Kompetenzziele** erreicht wurden.

14.2

Angestrebte Kompetenzziele

Konnten die angestrebten Ziele erreicht werden?

Sollte man in Zukunft von den in der Stunde angestrebten **Kompetenzziele** abweichen oder sie beibehalten?

14.3

Unterrichtsmethodische Gestaltung

Themenbereiche:
Bestimmende Urteilskraft | Reflektierende Urteilskraft | Diskursive Strategien | Komprehensive Strategien | Inszenierung der Urteilssituation | Darstellung der Vorausurteile | Unterrichtsmethoden, Materialien & Urteilsaufgaben | Gesprächssituation im Unterricht | Ergebnissicherung | Zeitmanagement

Bestimmende Urteilskraft

In welchen Unterrichtsphasen sollen die Lernenden Urteilskriterien (bspw. Effizienz, Legitimität etc.) **kennenlernen und anwenden?**

15.1

Bestimmende Urteilskraft

Notieren Sie **Urteilskriterien** (Effizienz, Legitimität etc.), auf die die Lernenden in ihren Urteilen verweisen. Beschreiben Sie, inwieweit die Lernenden ihre Urteilskriterien **offenlegen**.

15.2

Bestimmende Urteilskraft

Reflektieren Sie, wie sich die Lernenden durch das Anwenden von Urteilskriterien **die Urteilssituation erschlossen** haben. Waren die Urteilskriterien hierfür geeignet oder wurden die Urteilskriterien von den Lernenden in Frage gestellt?

15.3

Reflektierende Urteilskraft

In welchen Unterrichtsphasen sollen die Lernenden Urteilskriterien ausgehend von der Urteilssituation **selbst entwickeln und reflektieren?**

16.1

Reflektierende Urteilskraft

Beschreiben Sie, ob **Urteilskriterien** im Unterricht kennengelernt und angewendet oder von den Lernenden selbst entwickelt und reflektiert werden.

16.2

Reflektierende Urteilskraft

Reflektieren Sie, wie die Lernenden selbst Urteilskriterien entworfen haben. Welche Vorausurteile wurden dabei **expliziert und weiterentwickelt?**

16.3

Diskursive Strategien

Sollen die Lernenden **diskursiv mittels Kontroversverfahren** verschiedene Fakten, Perspektiven und Werte verhandeln (bspw. Pro-Kontra-Diskussionen, Debatte)?

17.1

Diskursive Strategien

Protokollieren Sie die Diskussion im Klassenraum. Welche **Argumentationsstrategien** nutzen die Lernenden? Wie werden **Konflikte verhandelt**?

17.2

Diskursive Strategien

Beurteilen Sie, zu welchen **Ergebnissen der Diskurs** geführt hat. Konnte eine **Einigung** erzielt werden? Welche **Differenzen** blieben bestehen? Wie können diese in nachfolgenden Unterrichtsstunden aufgegriffen werden?

17.3

Komprehensive Strategien 💡	**Komprehensive Strategien** 🏫	**Komprehensive Strategien** 👥
Sollen die Lernenden die Urteilssituation **probeweise aus der Perspektive anderer** wahrnehmen und dazu deren Perspektive erschließen (bspw. durch die Methode „Denkhüte" oder Rollenspiele)?	Beobachten Sie, wie die Lernenden **fremde Perspektiven zur Darstellung bringen**. Welcher sprachlichen und non-verbalen Mittel bedienen sie sich dabei? Welche Wertzuschreibungen kommen dabei durch die Darstellung zum Ausdruck?	Beurteilen Sie, ob der Perspektivwechsel zu einer **Weiterentwicklung der Vorausurteile** der Lernenden beigetragen hat.
18.1	18.2	18.3

Inszenierung der Urteilssituation

Wie soll die Urteilssituation inszeniert werden, sodass die Lernenden sie als **bedeutsam wahrnehmen** und **aktiviert** werden?

19.1

Inszenierung der Urteilssituation

Beschreiben Sie die **Inszenierung** (Beispielwahl, Medien, methodische Gestaltung) der Urteilssituation.

19.2

Inszenierung der Urteilssituation

War die Inszenierung der Urteilssituation (z.B. im Einstieg) **aktivierend?**

19.3

Darstellung der Vorausurteile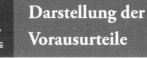

Wie sollen die Vorausurteile der Lernenden aufgegriffen werden? Welche **Lerngelegenheiten** bietet der Unterricht den Lernenden, ihr Vorwissen zu klären und ihre eigenen Vorausurteile zur Darstellung zu bringen?

20.1

Darstellung der Vorausurteile

Notieren Sie **Aufgaben und Fragen** der Lehrkraft, um die Vorausurteile der Lernenden herauszufordern. Reflektieren Sie, ob und inwieweit die Aufgaben und Fragen hierfür geeignet waren.

20.2

Darstellung der Vorausurteile

Diskutieren Sie, ob die ausgewählten Lerngelegenheiten geeignet waren, die Vorausurteile der Lernenden zur Darstellung zu bringen.

Welche **Alternativen** bieten sich an?

20.3

Unterrichtsmethoden, Materialien & Urteilsaufgaben

Mittels welcher **Unterrichtsmethoden, Materialien, Arbeitstechniken, Arbeitsaufträge oder Hilfestellungen** soll das Kennenlernen, Entwickeln oder Anwenden von Urteilskriterien gestaltet werden?

21.1

Unterrichtsmethoden, Materialien & Urteilsaufgaben

Dokumentieren Sie die gewählten Unterrichtsmethoden, Materialien, Arbeitstechniken, Arbeitsaufträge und Hilfestellungen.

21.2

Unterrichtsmethoden, Materialien & Urteilsaufgaben

Konnten die Unterrichtsmethoden, Materialien, Arbeitstechniken, Arbeitsaufträge oder Hilfestellungen den Lernenden dabei helfen, **Urteilskriterien** zu verstehen und anzuwenden?

21.3

Gesprächssituation im Unterricht

Wie werden individuelle Urteile der Lernenden methodisch **in Beziehung** zueinander gesetzt?

22.1

Gesprächssituation im Unterricht

Beschreiben Sie das **Diskussionsverhalten** der Lernenden. Wie nehmen die Lernenden aufeinander Bezug? Protokollieren Sie ggf. eine Gesprächssequenz.

22.2

Gesprächssituation im Unterricht

Welche **Konsequenzen** für die Gestaltung des Austauschs zwischen den Lernenden lassen sich ziehen?

22.3

Ergebnissicherung

Wie sollen **Ergebnisse des Urteilsbildungsprozesses** der Lernenden festgehalten werden?

Zielt die Ergebnissicherung auf eine **urteilsbildende Problemreflexion**?

23.1

Ergebnissicherung

Notieren Sie **zentrale Ergebnisse der Sicherungsphase**.

Zu welchen Lösungsvorschlägen und Urteilen gelangen die Lernenden in Hinblick auf die Urteilsfrage und Urteilssituation?

23.2

Ergebnissicherung

Wie könnten nachfolgende Unterrichtsstunden die Ergebnisse der Lernenden **aufgreifen und weiterentwickeln**?

Welche **Anschlussfragen** und **Unterrichtsgegenstände** bieten sich an?

23.3

Zeitmanagement

Welche Phase des Urteilsprozess (Leitfragenentwicklung, Urteilssituation, Vorausurteile, Diskussion, abschließende Problemreflexion etc.) steht im Mittelpunkt der Stunde?
Entwerfen Sie einen **Zeitplan**.

24.1

Zeitmanagement

Beobachten Sie, ob die Lernenden ausreichend **Zeit** für die einzelnen **Phasen der Urteilsbildung** hatten.

24.2

Zeitmanagement

Wurde die **Unterrichtszeit** sinnvoll zur Arbeit an der jeweiligen Urteilsphase genutzt?

Welche **Konsequenzen** für die zeitliche Gestaltung lassen sich für die Zukunft ziehen?

24.3

Platz für eigene Fragen und Beobachtungsaufträge

Die nachfolgenden Karten können Sie dafür nutzen, eigene Fragen und Beobachtungsaufträge zu notieren, die Ihnen für die Planung, Durchführung und Reflexion urteilssensiblen Unterrichts wichtig erscheinen.

25.1

25.2

25.3

26.1

26.2

26.3

Literatur zum Weiterlesen

Rationale politische Urteilsbildung

May, Michael (2020): „Aber bitte mit Gefühl!". Rationale politische Urteilsbildung als Ziel und Herausforderung politischer Bildung. In: Dickel, Mirka, John, Anke, Muth, Katharina et. al: Urteilspraxis und Wertmaßstäbe im Unterricht. Frankfurt/M.: Wochenschau Verlag. S. 125-147.

25.1

Kategoriale Urteilsbildung

Massing, Peter (2003): Kategoriale politische Urteilsbildung. In: Kuhn, Hans-Werner (Hrsg.): Urteilsbildung im Politikunterricht. Ein multimediales Projekt. Schwalbach/Ts.: Wochenschau Verlag. S. 91-108.

25.2

Einführung in die Politikdidaktik

Reinhardt, Sibylle (2016): Politik-Didaktik. Praxishandbuch für die Sekundarstufe I und II. 6. Auflage. Berlin: Cornelsen Verlag.

25.3

Impressum

Autoren: Michael May, Peter Starke

Mitwirkende Lehrpersonen: David Groh, Christoph Schmidt

Mitwirkende Studierende: Katharina Vogt, Onur Atasayar, Louise Schöder

Der *Kompass Urteilsbildung Politik* wird im Rahmen der gemeinsamen „Qualitätsoffensive Lehrerbildung" von Bund und Ländern aus Mitteln des Bundesministeriums für Bildung und Forschung gefördert.

Bibliografische Information der Deutschen Nationalbibliothek

Die Deutsche Nationalbibliothek verzeichnet diese Publikation in der Deutschen Nationalbibliografie; detaillierte bibliografische Daten sind im Internet unter http://dnb.d-nb.de abrufbar.

© WOCHENSCHAU Verlag,
Dr. Kurt Debus GmbH
Frankfurt/M. 2024
www.wochenschau-verlag.de

Alle Rechte vorbehalten. Kein Teil dieses Buches darf in irgendeiner Form (Druck, Fotokopie oder einem anderen Verfahren) ohne schriftliche Genehmigung des Verlages reproduziert oder unter Verwendung elektronischer Systeme verarbeitet werden.

ISBN 978-3-7344-1571-5